Bella Belchaud
und ihre Papageien

D1728904

Elizabeth Shaw

Bella Belchaud
und ihre Papageien

oder
das kleine Shaw-Buch

tabu verlag

Bella
Belchaud
und ihre
Papageien

Es war einmal eine lebhafte ältere Dame.
Sie hieß Bella Belchaud und war in ihrer
Jugend eine berühmte Schauspielerin ge-
wesen. Aber als sie älter wurde, ließ ihr
Gedächtnis leider etwas nach. Weil sie oft
einige Sätze vergaß, mußte sie ihren Beruf
als Schauspielerin aufgeben.

Sie wohnte zusammen mit drei Papageien:

Peter,

Lorita

und Polly.

Bella Belchaud hatte die Papageien nicht nur gekauft, weil sie deren Gesellschaft schätzte, sondern weil sie ihnen das Sprechen beibringen wollte.

Sie las ihnen die Verse ihres Lieblingsstücks »Romeo und Julia« von William Shakespeare vor. Nach kurzer Zeit hatten sie das ganze Stück auswendig gelernt. Legte Bella ihren Finger sanft auf die Brust eines Vogels, so wußte dieser, daß er nun sprechen mußte. Jeder Vogel lernte mehrere Rollen, und Bella konnte in ihrem Wohnzimmer richtig Theater spielen.

Sie selbst sprach immer ihre Lieblingsrolle,
die Julia, mit der sie in ihrer Jugend
berühmt geworden war.

Bei diesen Aufführungen zeigte sich Peter als ausgezeichneter Schauspieler, fähig, die feinsten Nuancen der Stimme seiner Herrin nachzuahmen. Lorita hatte eine leicht quietschende Stimme, die aber für komische Rollen geeignet war.

Polly war als Schauspielerin hoffnungslos
unbegabt. Sie konnte nur einen einzigen
Satz behalten: »Wie wäre es mit einer
Tasse Kaffee, Zuckerschnäuzchen?«
Trotzdem hatte Bella Polly sehr gern, denn
ihre praktische Natur half, die manchmal
zu begeisterte Stimmung im Wohnzimmer
zu dämpfen.

Obwohl ihr diese Aufführungen großen
Spaß machten, sehnte sich Bella danach, in
einem richtigen Theater zu spielen.
»Ach, meine Lieben«, sagte sie zu ihren
Papageien, »wenn ich doch nur wieder auf
einer Bühne spielen könnte!«
»Wie wäre es mit einer Tasse Kaffee,
Zuckerschnäuzchen?« sagte Polly.

»Das ist ein guter Gedanke!« sagte Bella
und setzte Wasser auf. Jeder Papagei
bekam ein Stück Zucker.
Als Bella dann in einem Sessel saß und die
»Theaternachrichten« las, rief sie plötzlich:
»Hört mal! Gesucht wird eine ältere
Schauspielerin, die hier in unserem
Ortstheater die Rolle der Amme in ›Romeo
und Julia‹ übernehmen kann! Wenn ich
nur – «

Plötzlich kam ihr eine Idee!
»Wenn ich einen Papagei in der Tasche
mitnehme, kann ich doch spielen! Er kennt
den Text, und wenn ich steckenbleibe, muß
er weitersprechen!«
Nachdenklich sah sie die Papageien an.
»Ich glaube, diese Rolle paßt am besten zu
Lorita«, sagte sie.

»Frisch gewagt ist halb gewonnen!« Sie
setzte ihren schönsten Hut auf, steckte
Lorita in die Tasche und eilte zum Theater.
Der Regisseur begrüßte sie herzlich.
»Ich würde mich sehr freuen, wenn Sie die
Rolle übernehmen könnten«, sagte er. »Ich
habe Ihre Schauspielkunst schon immer
bewundert.«

Am ersten Abend ging alles gut. Wenn
Bella einen Vers vergessen hatte, drückte
sie sanft mit dem Finger auf Loritas Brust,
und der Vogel sprach und ahmte die
Stimme von Bella so gut nach, daß die
Zuschauer überhaupt nichts merkten.

Nach der Vorstellung, die ein großer Erfolg war, feierten die Schauspieler und der Regisseur mit viel Essen und Sekt bis in die frühen Morgenstunden.

Am nächsten Tag, erschöpft vom Feiern und von der Aufregung, schlief Bella sehr lange. Als sie aufwachte, war es schon wieder Zeit, ins Theater zu gehen. Sie zog sich schnell an und steckte beim Hinausgehen einen Papagei in die Rocktasche.
In der Eile griff sie aber nach dem falschen Papagei. Sie hatte Polly in die Tasche gesteckt.
Die Vorstellung lief ruhig bis zum vierten Aufzug, fünfte Szene.

Als Bella auf die Bühne trat, vergaß sie plötzlich alles! Sie konnte sich nicht mehr an ihre Verse erinnern und drückte deshalb auf die Brust des Vogels. »Wie wäre es mit einer Tasse Kaffee, Zuckerschnäuzchen?« kreischte Polly. Die andere Schauspielerin, die die Mutter von Julia spielte, war sehr überrascht, sprach aber ihre Rolle weiter, als ob nichts geschehen wäre.

»Was ist das für ein Lärm?« fragte sie.

»Wie wäre es mit einer Tasse Kaffee,
Zuckerschnäuzchen?« wiederholte Polly
fröhlich.
Die Zuschauer lachten, pfiffen und schrien
und warfen faule Tomaten auf die Bühne.
Schnell ließ der Regisseur den Vorhang
hinunter und erklärte, daß die Vorführung
wegen technischer Fehler unterbrochen
werden müßte.

Hinter der Bühne erzählte Bella dem Regisseur die ganze Geschichte von ihren Papageien und bat ihn um Verzeihung. Aber der Regisseur war unerbittlich. »Ich habe eine Schauspielerin engagiert – nicht einen Papagei! Sie sind entlassen!« schrie er wütend.

So mußte Bella wieder zu Hause bleiben.
Sie war sehr traurig und hatte nicht einmal
Lust, »Romeo und Julia« mit den Papa-
geien zu lesen.
»Wie wäre es mit einer Tasse Kaffee,
Zuckerschnäuzchen?« sagte Polly.
»Das ist ein guter Gedanke, mein
Liebling«, sagte Bella und wurde schon
etwas fröhlicher, als sie Wasser aufsetzte.

Zwei Tage später ereignete sich wieder ein Unglück im Theater. Schon vor der Vorstellung hatte die Schauspielerin, die die Rolle der Julia spielte, über Halsschmerzen geklagt. Nach dem ersten Aufzug ging sie zum Regisseur: »Meine Halsschmerzen sind schlimmer geworden! Ich kann nur noch flüstern!«

»Hölle und Teufel! Das fehlte gerade noch!« tobte der Regisseur. »Was machen wir nun?«

»Sollten wir nicht Bella und ihre Papageien holen?« flüsterte die Schauspielerin heiser. »Sie würde uns bestimmt helfen.«

»Uns bleibt keine andere Wahl«, sagte der Regisseur.
Er sprang in sein Auto und fuhr in gefährlichem Tempo zu Bellas Wohnung.

»Ich habe nicht viel Zeit, viel Worte zu machen«, sagte er atemlos zu Bella.

»Kann einer Ihrer Papageien die Rolle der
Julia übernehmen?«

»Peter kann es sicherlich!« antwortete Bella
erstaunt.

»Dann, um Himmels willen, kommen Sie
mit ihm ins Theater!«

Sie erreichten das Theater noch gerade zur rechten Zeit. Julia steckte Peter in den Ausschnitt ihres Kleides. Vor Fieber zitternd bewegte sie nur die Lippen, und unbemerkt vom Publikum sprach der Vogel ihre Verse.

Nach dem zweiten Aufzug wurde Julia
hinter dem Vorhang ohnmächtig.
»Sie darf heute nicht mehr auftreten«,
sagte der Theaterarzt.
»Was sollen wir bloß machen?« stöhnte
der Regisseur.
»Lassen Sie doch Peter die Rolle der Julia
allein spielen«, sagte Bella. »Erklären Sie
dem Publikum, was passiert ist.«

Die Zuschauer riefen schon und stampften
vor Ungeduld mit den Füßen.
Der Regisseur erklärte ihnen, daß die
plötzliche Erkrankung der Schauspielerin
den normalen Spielablauf verzögert habe.
Aber ein ungewöhnlicher Künstler, von der
bekannten Schauspielerin Bella Belchaud
dressiert, werde die Rolle der Julia
übernehmen, so daß die Aufführung fort-
gesetzt werden könne.

Der Vogel gab eine bezaubernde
Darstellung.

Ungeheurer Beifallssturm grüßte Bella und Peter, als sie sich am Ende der Vorstellung vor den Zuschauern verbeugten.

Weil der Erfolg so groß war, beschloß der
Regisseur, das Stück neu zu inszenieren.

»Romeo und Julia«
von William Shakespeare –
in den Hauptrollen:
Bella Belchaud und ihre Papageien

Peter stellte den Romeo dar, Lorita bekam
die Rolle der Amme, und Bella spielte die
Julia.

Polly saß am Büfett. In der Pause rief sie
ununterbrochen: »Wie wäre es mit einer
Tasse Kaffee, Zuckerschnäuzchen?«
Bald gab es einen Rekord im
Kaffeeverkauf.

Guten
Appetit!

Katzen schlecken Milch.

Der Hund verschlingt Fleisch.

Die Vögel picken Brot.

Mäuse knabbern leise Käse.

Der Elefant hebt sein Futter.

Das Baby ißt gerne mit den Fingern.

Das Krokodil beißt zu.

Peter und Karin essen mit dem Besteck.

Schweinchen Emma frißt und schmatzt,

bis es am Ende platzt!

Die Deutsche Bibliothek - CIP-Einheitsaufnahme

Shaw, Elizabeth:
Bella Belchaud und ihre Papageien oder das kleine Shaw-Buch /
Elizabeth Shaw. - München : tabu-Verl., 1995
ISBN 3-930777-23-1
NE: HST

© Copyright 1995 tabu verlag, D-81675 München
Mit freundlicher Genehmigung
Der KinderbuchVerlag, Berlin
Alle Rechte vorbehalten, auch die des auszugsweisen Abdrucks,
gleich welcher Medien
ISBN 3-930777-23-1

Originalausgabe
Felicitas Andresen
„Kinder sind nicht wasserlös-lich", sagte die Prinzessin
Roman
88 Seiten,
ISBN 3-930777-52-5

Felicitas Andresen

„Kinder sind nicht wasserlöslich," sagte die Prinzessin

Wahr sind die Geschichten trotzdem, zum Beispiel: die von dem Geldbrieftäger, der sich in einen Frosch verwandelt, wodurch leider die Sozialhilfe für Michael und seine Mutter nicht pünktlich eintrifft; oder die von Alexandra, die ein paar Wochen eine Baby-Riesenspinne aus einem Horrorfilm versorgen muß, den sie sich heimlich im Fernsehen ange-sehen hat; oder die vom wilden Christian, der eines Tages eine Brausepulver-Umwelt-Katastrophe verhindert.

Benno Pludra
Siebenstorch
Roman
120 Seiten,
ISBN 3-930777-02-9

Schon das siebente Jahr kommen die Störche zu Maika und ihren Eltern und nisten auf dem Scheunendach. Doch diesmal ist etwas anders: Einer der drei Jungstörche ist nicht weiß, sondern grau-braun, und er will nicht fliegen. Zwischen Maika und Siebenstorch entwickelt sich eine behutsam-liebevolle Freundschaft - doch im Spätsommer heißt es Abschiednehmen. Siebenstorch fliegt in die Freiheit.

tabu